Elisabeth Bond

Geld

Irdische Form für himmlischen Fluss

LOKWORT

Dieser Band erscheint in der Reihe «Dimensionen»;
weitere Titel sind geplant.

Lokwort im Internet:
www.lokwort.ch

2. Auflage 2006

Umschlagbild von Elisabeth Bond
Lektorat: Charlotte van Stuijvenberg, Zollikofen
Layout: AVD Bern, Claudia Wälchli
Druck: Sonnenschein, Hersbruck

ISBN 3-906786-64-10

Dieses Buch kostet Geld und hat seinen Preis. Hat einen Preis, der für Dich nur stimmt, wenn der Inhalt des Buches es tut. Der eigentliche Wert liegt also nicht in der Zahl, ist nicht das Geld, sondern liegt im Gut, in der Ware selber, ist in der Idee verborgen. Die Idee dieses Buches ist, eine kosmische Sicht auf ein irdisches Thema zu werfen und die Zusammenhänge des äusseren Geld-Wertes mit den inneren spirituellen Werten aufzuzeigen.

Der Inhalt des Buches ist geistig und erreicht Dich in der Gedankenwelt durch seine Kraft. Der Preis des Buches ist irdisch und regelt die materiellen Kosten. Und deshalb können diese Zeilen für viele Menschen gar nichts wert und somit zu teuer sein, und für andere können sie einen grossen Wert und dadurch den richtigen Preis haben.

Geld ist eine Manifestation der universellen Energie und ist göttlich, so wie alles Leben göttlich ist. Geld ist neutral, ist ohne Emotionen und Absichten, ist ein Energiesymbol, ist ein Gefäss für den Energiekreislauf im irdischen Leben, der unter den Menschen den Austausch von Energien in der materiellen Form und in der Dienstleistung regelt. Die Idee des Geldes ist, als Tausch-Instrument eingesetzt zu werden, das – wie jedes Instrument – keinen anderen Wert hat als den des Gebrauchs selber, und zwar genau den

Gebrauch, für den es erschaffen worden ist. Geld hat also einen praktischen Wert und ist ein System, das funktionieren soll. Dieses farbige Papier, diese runden Scheiben, diese Bankauszüge, Aktien und Obligationen mit Zahlen und Nullen haben *keine* eigenständige Kraft, sondern nur die, die die Menschen ihnen geben. Und es ist die Einstellung der Menschen zum Geld, das es zu dem macht, was es ist. Es ist ihr Wissen um die universelle Energie, um den himmlischen Fluss, das die Haltung zum Geld, der irdischen Form, bestimmt. Bestimmen Weisheit, bestimmen Wissen und Aufmerksamkeit für die seelische und für die universelle Energie das tägliche Leben eines Menschen, dann regelt das Geldsystem den Austausch. Es erfüllt seine Bestimmung. Sind Besitz, Gier, Geltungsdrang oder die Sorge um Sicherheit die tägliche Lebenshaltung eines Menschen, dann regiert das Geldsystem den Alltag. Es erfüllt seine Bestimmung nicht.

Geld *regelt* die Welt. So ist es gedacht.
Heute *regiert* Geld die Welt. So ist es nicht gedacht.

Aus diesem Grunde hat die Welt Probleme, wo keine sein sollten. Und dies nur, weil die ursprüngliche Idee irgendwo verloren gegangen ist und die Menschen angefangen haben, ihre Emotionen auf das System zu projizieren. Sie laden das Geld mit Gefühlen auf, sie lieben es, sie hassen es, sie fürchten es, sie wünschen es, sie wollen mehr als genug davon, sie vermissen es, sie sorgen sich darum, sie setzen es auf den ersten Platz – und dies nicht nur gefühlsmässig, sondern auch in ihrem Denken – sie horten und verstecken es, sie prahlen damit, sie jagen es, sie nehmen es andern weg und sie blockieren das Geben. Sie verlagern sogar ihren eigenen Wert auf das Geld, das doch nur ein Vermittler ist, und identifizieren ihr Leben, ihr Wohlbefinden, ja sogar ihre Gesundheit, die eigentlich gratis ist, damit. Da in manchen Teilen der Erde die Gesundheit übermässig viel Geld kostet, ist oft der Wert eines Menschen tiefer eingestuft, als der der ausgeklügelten Dienstleistungssysteme der Ärzte oder der komplizierten technischen Geräte, die mithelfen, Leben zu heilen und zu retten. Diese menschlichen Positionen und Geräte sind ihr Geld wert, im Gegensatz zum Leben eines Menschen, das frei und ewig ist und mit irdischen Zahlen gar nicht bewertet werden kann.

Die Menschen verwechseln das Geld mit ihren Leben.

Und sie merken es nicht einmal, denn beides ist Energie. Die Seele, unsere Seele, ist daran interessiert, dass alle Gefässe und Energie-Systeme, die uns hier auf Erden zur Verfügung stehen, um die Inkarnation erfüllt und sinnvoll zu leben, gut funktionieren und neutral benutzt werden, nämlich

- das Gefäss des Körpers mit seinen Systemen wie die Zellen, das Blut, die Lymphe, die Nerven, die Drüsen und die Chakren.

- das Gefäss des Denkens und seine Fähigkeit, sich in verschiedene Systeme einzuklinken, wie zum Beispiel das rationale oder das telepathische System.

- das Gefäss der Gefühle und ihre Fähigkeit, sich an verschiedenen Systemen zu orientieren, wie an dem der Energie, der Zeit (Vergangenheit, Gegenwart, Zukunft) oder der Polarität.

- jedes System, das das Zusammenleben der Menschheit in Zeit und Raum regelt, wie Wirtschaft, Bildung, Verkehr, Post, Telefon, Internet, soziale Einrichtungen oder die Banken, die Finanzplätze – das Geld eben.

Du, der diese Zeilen liest, bist bestens geübt im täglichen Umgang mit Geld: Du «verdienst» Dein Geld, indem Du Deine Arbeitskraft «verkaufst» (entweder angestellt oder selbständig) und so eine Dienstleistung erbringst. Du bekommst Geld, Du hast Geld und Du gibst Geld aus. Du bist ein Konsument und vielleicht auch ein Produzent. Du hast menschliche Bedürfnisse wie Essen, Schlafen, Lernen und Du hast sicher auch Wünsche für materielle Bequemlichkeiten. Die Erfüllung dieser Bedürfnisse sind unweigerlich mit Geld verbunden. Im weltlichen Finanz-System bist Du also eine wichtige Person, wie Milliarden andere auch, und bist deshalb aufgerufen, Deine Einstellung zum Geld zu prüfen und zu heilen. *Und zwar zuerst die Einstellung zum Geld, das Du heute hast, das Dein ist, und dann diejenige zur gesamten globalen Geldmenge.* Tust Du nur letzteres und überspringst ersteres, dann übersiehst Du Wesentliches, nämlich die Wichtigkeit Deines persönlichen Aktionsradius und Deiner persönlichen Verantwortung in Sachen Geld, und könntest im – für Dich anonymen – Geldsystem verloren gehen. Die Seele, unsere Seele, ist daran interessiert, dass wir auf diesem Planeten nicht verlorengehen, indem wir vielleicht von einem dieser Systeme abhängig und verschluckt werden, *weil wir uns um die persönliche Verantwortung drücken.* Denn so verlieren wir irgendeinmal den Überblick, kennen den gesetzmässigen Ablauf des Systems nicht mehr und geben unsere Eigenständigkeit und Macht ab, und zwar an diejenigen, die die Systeme dann kontrollieren. Deshalb dürfen wir auf keinen Fall ein System ignorieren oder ihm gar dienen, sondern dieses muss uns dienen, indem es für unser Leben funktioniert. Wir *sind* nicht das System, sondern wir sind die *Benutzer und die Verwalter* der Energie, die durch das System fliesst. Jeder ist der Benutzer und Verwalter seiner eigenen Geldenergie, und zwar auch dann, wenn dies eine Bank für ihn tut. Die Banken haben genau die Macht, die ihnen gegeben wird.

Sind wir gute Geld-Verwalter, dann nutzen wir dessen Energie, um unser Über-Leben würdig zu sichern, um rechte menschliche Beziehungen herzustellen, um aufbauende Projekte zu unterstützen, um ein Gleichgewicht unter allen Menschen herzustellen und so einen gemeinsamen Nenner zu finden, der für eine gerechte Verteilung sorgt. Eine gerechte Verteilung heisst, dass jeder Mensch genausoviel Geld anzieht, wie er zur Erfüllung seines Seelenplanes benötigt, und zwar nicht mehr und nicht weniger. Vielleicht braucht er gar kein Geld, vielleicht aber sehr viel. Der spirituelle Wert des Geldes liegt darin, dass wir es für einen gesunden Austausch in der menschlichen Gemeinschaft einsetzen und uns damit auch kreativ ausdrükken, über die benötigten Lebenskosten und über eine vernünftige Reserve zur Überbrückung von Engpässen und

Unvorhergesehenem hinaus. Dass wir also mehr tun, als nur zu überleben, zu geniessen und uns selber zu genügen.

Nur überleben genügt nicht. Der Seele nicht.

Unsere Seele hat uns mit vielen Gaben und Kräften ausgerüstet, durch die die Lichtenergie in unserem menschlichen Leben wirken kann, durch die das Licht leuchten kann.

Energie ist göttlich, universell, ist seelisch.
Kraft ist seelisch und menschlich.

Energie im Geist ist Leben im Licht, in der Ewigkeit.
Energie in der Seele ist Leben in Liebe, in der Ekstase.
Energie im Körper ist Leben in Kraft, in der Materie, in der Polarität.

Lichtenergie, die elektrische Energie, wirkt durch die magnetische Kraft. Der göttliche Wille wirkt durch den menschlichen Willen. Energie ist Lebenskraft, ist der elektrische Strom, der uns hier auf Erden versorgt, ist ein Träger für die kosmische Essenz, für das Licht. Und diese Lichtenergie, die durch uns fliesst, bringt uns Impulse in die Körperzellen, in das Gehirn, ins Nervensystem, in den gesamten physischen Körper, verwandelt sich in eine dichtere Schwingung und wirkt sich im menschlichen, stofflichen Leben als Kraft aus. Der Mensch ist also eine kosmisch/irdische Energie-Einheit und arbeitet in der Welt der Kräfte, der materiellen Formen. Der Mystiker wird zum Magier und kann mit einem anderen Menschen oder mit jedem anderen Lebewesen über die eigenen Kraftströme, nämlich über die Gedanken, Gefühle, Handlungen, über die physischen Energiezentren (Chakren) Kontakt aufnehmen und austauschen. Diese energetische Grundausrüstung ist in uns innen und somit ist auch die Sicherheit in uns innen – und nicht im Aussen, in der Materie, im Geld. Wir müssen also zu einem Verständnis der Kräfte kommen, müssen ihre Verwendung und Wirkung kennen, müssen uns selber kennen, um zu erkennen, wie die Energien durch uns wirken. Nur so wird uns klar, wie wir im Alltag mit der Form des Geldes umgehen, was für eine Haltung wir dazu haben und wie wir das Geldsystem leben und erleben. Nur so können wir eine ausgeglichene Verbindung von Energie und Kraft, von Licht und Materie eingehen, nur so kann uns klar werden, warum wir heute viel Geld oder warum wir keines haben.

Verstehen wir den Kreislauf unserer Lebenskraft, so verstehen wir den Lauf unseres Geldes. Denn unsere Lebenskraft manifestiert sich auch im Geld.

Die Sonne, unser Sonnensystem sorgt energetisch für die Erde – mit Licht, Wärme, Kraft, elektrischer Energie – und somit auch für uns. Die Sonne hinter der Sonne – oder der Geist – sorgt energetisch für das Lichtwesen in uns. Dieses «Versorgungssystem», das nie versiegt, bringt der Menschheit Verbundenheit, bringt uns in eine Menschenbruderschaft ohne rassistische und nationale Unterschiede, bringt Synthese und Einheit. Geistige Energie strömt in uns ein und unsere Intelligenz (Herz und Kopf) leitet und lenkt sie und wandelt sie um in Lebenskraft.

Diese hat die Funktion, den Körper und seine Organe energetisch zu versorgen und strömt dann weiter in unsere Alltagsleben, in unsere Taten und Früchte. Da jeder Mensch – je nach seiner seelischen Ausrichtung, nach seinem Charakter und nach seiner familiären und gesellschaftlichen Konditionierung – die elektromagnetischen Felder der Erde anders wahrnimmt, *verbindet er die geistige Energie mit der irdischen Form auf seine individuelle Weise. Deshalb geht jeder mit dem Geld anders um als sein nächster Bruder.*

Leiten und lenken wir unseren Geldstrom weise, lassen wir ihn fliessen, ohne zu steuern, zu manipulieren und zu kontrollieren, dann sind wir auf Erden finanziell versorgt.

Lichtenergie ist immer da, ist endlos und ewig. Halten wir uns an die Naturgesetze, halten wir uns an die universellen Gesetze, verschleudern und blockieren wir keine Kraft, dann fliesst die kosmische Lichtenergie durch uns, stetig und in Fülle. Die folgenden Fragen, oder genauer gesagt, Deine Antworten, bringen Dir das Prinzip der göttlichen Fülle näher, bringen Dich tiefer und höher in die Freude und in den Freien Fluss der Dinge:

- Für alles ist gesorgt. Wie gross ist mein Vertrauen in dieses Naturgesetz?

- Wie gehe ich um mit dem Schöpfungsgesetz, mit dem Säen und dem Ernten? Meistens wird uns erst bei der Ernte bewusst, was wir gesät haben. Wir stellen dann plötzlich fest, dass wir finanzielle Schwierigkeiten haben und fangen an, dies auf die wirtschaftliche Lage, auf den Staat, auf die familiären Umstände oder auf das Schicksal zu projizieren. In Wirklichkeit ist uns nur nicht bekannt, was genau wir gesät haben (darüber weiss die Seele, das Höhere Selbst Bescheid), wie wir gesät haben (welche Gedanken und welche Glaubenssätze dienten hier als Samenkörner?) und vor allem, *wann* wir gesät haben. Dies kann gestern gewesen sein, dies kann mehrere Leben zurückliegen, dies kann aber auch eine direkte Intervention der Seele für den jetzigen Moment sein.

- Wie gehe ich um mit dem Gesetz des Gleichgewichts, das den Energieaustausch im ganzen Universum regelt und das wir als Rhythmen und Zyklen wahrnehmen? Das Pendel unserer Energie schlägt immer wieder aus und schnellt zurück in die Mitte, in das Zentrum, um dann wieder auszuschlagen. Auf Aktion folgt Reaktion, freigesetzte Energie kommt wieder zu uns zurück, wir dehnen uns aus und ziehen uns wieder zusammen – im ewigen universellen, im seelischen und im zeitlich/persönlichen Rhythmus.

- Was weiss ich über die Alchemie, über das Gesetz der Umwandlung? *Energie kann nicht zerstört werden, nie, sie kann nur umgewandelt werden.* So können wir auf diesem Planeten Erde, der kosmisch gesehen in einer dichten Schwingung schwingt, die Energien veredeln, und zwar sowohl die geistigen wie auch die materiellen Energien. Dieses Gesetz wirkt in beide Richtungen und wir sind fähig, Energien zu verschmutzen. Wir können also Blei in Gold verwandeln, in Licht, und wir können Geld in

Liebe verwandeln. Aber wie oft tun wir das Gegenteil und verwandeln Gold in Blei, lieblos und gedankenlos, wie oft verwandeln wir das Tauschmittel Geld in ein Mittel der Macht?

- Wie gehe ich mit meinem Freien Willen um und somit mit meiner Möglichkeit, zu wählen? Wie gebrauche ich meine Wunschkraft? Dienen meine Wünsche und Sehnsüchte dem höchsten Wohl aller, sind sie im Einklang mit dem göttlichen Willen oder dienen sie nur meinen eigenen Zwecken und Vorstellungen? Wünsche werden wahr, denn wir haben Freien Willen und die Fähigkeit zu schöpfen. Die menschliche Kraft ist «mein Wille» und die universelle Energie ist «Sein Wille», ist der höhere Wille. Wir gebrauchen die Willenskraft täglich, stündlich, sekündlich. Auch dann, wenn wir nichts tun.

Verstehen wir diese Gesetze auf einer tiefen Ebene, verschleudern wir keine Energie in Form von Geld, blockieren und horten wir nicht übermässig Geld, dann fliesst die Energie in natürlicher Weise durch unser Geldsystem, dann fliesst die universelle Energie durch die menschliche Kraft und bringt uns Freien Fluss, bringt uns Fülle.

Fülle heisst, eins zu sein und eine natürliche Verbindung zur göttlichen Quelle zu haben, ohne Vorstellungen, ohne Erwartungen. Freude und Fülle bringen Wunder, lassen staunen, begeistern und machen uns dankbar, weil wir restlos anerkennen, das dem so ist. Ein einziger rot-orange-rosa-goldgelber Sonnenaufgang bringt uns in diesen Zustand und wir sind reich, ohne zu besitzen. Fülle auf der

Geldebene kann somit Reichtum, kann aber auch Armut bedeuten, je nachdem, was der Seelenplan für diese Inkarnation vorsieht. *Fülle ist nicht ein Zustand des Habens, ein Zustand des Drucks, sondern ist ein Zustand des Seins, des Fühlens, der emotionalen Freiheit ohne Druck, ist ein Zustand der Harmonie von innen und aussen.* Freier Fluss heisst für Dich, dass Du Dich von der Seele durch das irdische Leben «fliessen» lässt, dass Du Deinen Evolutionsplan und den der Menschheit kennst und akzeptierst. Dabei kann so mancher Widerstand, kann so manches lebensfeindliche Muster auftauchen, das sich in den Fluss unseres Geldstroms stellt und ihn staut. Fülle und Überfluss wollen längst nicht alle Menschen erfahren, und so aktivieren sie alte Glaubenssätze von Mangel und Leiden. Oder Glaubenssätze, die besagen, dass Reichtum verpflichtet, anbindet, dass Geld nur durch harte Arbeit zu bekommen ist, dass Geld schmutzig ist, dass sie es nicht verdienen, dass ein spirituelles Leben nur dann richtig ist, wenn sie nichts besitzen. Auch können Überzeugungen, die uns glauben lassen, Verantwortung sei nicht mit Freiheit vereinbar, den Geldstrom in ein kleines Bächlein verwandeln. Denn oft will die Verantwortung, die finanzielle Fülle mit sich bringt, von uns gar nicht übernommen werden.

Meditation

Lege Dich bequem hin, decke Dich warm zu und entspanne Dich, auf Deine Art und Weise, entspanne Dich mit Deinem Atem.

Visualisiere Licht, das in Dich fliesst, das durch Dein Kronenchakra in Deinen Körper fliesst. Lass es durch Dich strömen und stelle fest, wo im Körper ein Widerstand ist, wo im Körper Du den Fluss blokkierst. Mit dem Lichtstrom fliesst Silber, ein zartes Silber in die blockierte Stelle und macht sie durchlässig.

Atme weiterhin Licht ein, silbriges Licht, bis Dein Körper leicht ist, bis Deine Gedanken und Gefühle in Harmonie miteinander fliessen, in Deinem Rhythmus, in Deinem Ton.

Du stehst nun an einem breiten Fluss, der stetig, ruhig dahinfliesst. Das türkisblaugrüne Wasser leuchtet silbern und die Sonne tanzt mit dem Fluss. Lange, lange schaust Du auf das Wasser und wirst immer ruhiger.

Das Wasser lädt Dich ein, es ruft Dich. Was für eine Antwort gibst Du dem Fluss, ist es eine freudige, ist es eine zögernde oder ist es gar eine abwehrende? Nimm den ersten Impuls, der sich Dir zeigt. Meditiere darüber.

Nun begibst Du Dich langsam in den Fluss, ins Wasser und wirst Teil der Strömung. Nichts ist zu tun, nichts ist zu wissen, das Ziel ist unbekannt. Leg Dich auf den Rücken und lass Dich treiben, lass Dich fliessen, sei voll und ganz im Fluss und betrachte den Himmel.

Beende die Meditation.

Die Fülle des Universums, aus der sich das Prinzip der Versorgung ergiesst, gilt auch für unseren Planeten. Auf Erden ist genug da, gibt es genug Energiequellen, genug Essen, genug Materie – der Strom ist ewig. Von allem gibt es reichlich. Negatives Denken, Misstrauen und Habgier der Menschen lassen aber Mangel entstehen, verursachen künstliche Knappheit von physischer, emotionaler und geistiger Nahrung und bringen Unsicherheit. Letzteres ist eine Illusion, hat aber das Spiel «Geld-Haben-oder-nicht-Haben» miterfunden und kreiert eine traurige Realität für viele Menschen auf diesem Planeten. Das Geld wird zur Beute, das Spiel wird zum Kampfspiel, bei dem nur die Macht und die Rücksichtslosigkeit gewinnen, und das Ganze verliert seine Seele, verliert seine Poesie, seine Schönheit und seine Liebe.

Ohne Geld überlebst Du – nicht aber ohne Luft, ohne Liebe und ohne Licht!
Luft, Liebe und Licht sind gratis.
Vertraue dem Fluss. Vertraue dem Leben. Vertraue Dir.

Freier Fluss bedeutet Freies Geld und wir erkennen, dass Überfluss ein natürlicher Zustand ist, weil schwimmen im Freien Fluss natürlich ist. Sind wir nicht natürlich – unsere Seele ist unsere Natur – , sondern sind wir kompliziert, eigenbezogen oder liegen gar im Kampf, dann ist unser Geld nicht mehr frei, sondern an allerhand eigene Regeln und Vorstellungen gebunden. Kampf ist das Gegenteil von Fliessen und ist ungefähr gleich mühsam, wie ein Leben lang stromaufwärts zu schwimmen. Denn das braucht Kraft, lässt überhaupt keinen Spielraum zu, ist nicht natürlich und isoliert den Schwimmer. Jeder Fluss verursacht Wellen, rüttelt die Dinge auf und setzt sie in Bewegung, was aber keine Aufforderung zum Kampf ist. Jeder Fluss ist ein natürlicher Kanal. Schauen wir genau hin, so entdecken wir in unserem Leben immer wieder Situationen, in denen wir den Kanal «stauen» und ihn so blockieren, gegen die wir ankämpfen, indem wir stromaufwärts schwimmen und uns nicht mit dem Lauf des Flusses bewegen. Der Fluss des Geldes ist von der Dynamik unserer Gedanken, unserer Gefühle und ist auch von unserer karmischen Energie gelenkt. Wie leicht fällt es Dir, Deine Rechnungen zu bezahlen und mit was für Gefühlen begleichst Du Deine Steuern? Hast Du beim Ausfüllen der Steuererklärung kämpferische, eigenbezogene oder negative Gedanken und denkst, dass dies gerade jetzt höchst ungelegen kommt (eigentlich passt es nie...), dann machst Du vielleicht Dein Bankkonto zu Deiner Identität und zu Deinem höchsten Besitz. In Wirklichkeit verlagert sich dieser durch das Bezahlen von Rechnungen und Steuern nur, ändert einfach die Form: Aus Geld wird Wohnraum, wird Strom oder ein Auto. Mit dem Begleichen der Steuern gehören Dir – gemeinsam mit allen andern – die Spitäler, die Strassen, der Regierungssitz und die Schulen. Als Bürger einer Stadt, eines Landes bist Du kollektiv reich! Verwaltest Du Deinen Reichtum gut, gehst Du respektvoll und liebevoll damit um?

Materie ist nicht Besitz, sondern Energie.
Geld ist nicht Besitz, sondern Energie.

Geld will nicht in grossen Mengen eingefroren, versteckt, gehortet, gespart und weggepackt werden, sondern will rollen und fliessen. Die Münzen sind rund und rollen auf der stofflichen Ebene, die Energie lässt sie fliessen, lässt sie in Wellen fliessen. Somit lehrt uns das Geld die tiefe, universelle Weisheit des Zyklus von Ruhn und Tun, von Aufsteigen und Absteigen, von Ausdehnen und Zusammenziehen. Alles hat seinen Fluss, hat seine Zyklen, hat auf Erden seine Zeit – auch Dein Geld. Diese Rhythmen und Zyklen packen wir in unsere Buchhaltung und stellen damit fest, wieviel eigene (Besitz) und wieviel Fremdenergie (Schulden) unseren Geldfluss bestimmen und ob die Bilanz ausgeglichen ist. Wir alle haben mit Fremdenergie zu tun und wir bekommen vom Universum, also von innen her, immer wieder «Fremdenergie» in Form von Heilenergie, von Inspiration und von Impulsen, um gesund zu werden, um ein Buch zu schreiben oder um eine Firma aufzubauen. *Oft reichen unsere eigenen Kräfte nicht aus und wir bekommen Unterstützung. Genau die Unterstützung, die uns zusteht und mit der wir umgehen können.*

Wir bekommen von der Schöpfung immer, was wir brauchen. Immer. Denn wir sind ein Teil der Schöpfung und da für die Schöpfung gesorgt ist, ist auch für uns gesorgt.

Das gleiche Prinzip gilt auf der stofflichen Ebene, wo wir Fremdenergie in Form von Geld organisieren können, um ein Haus zu bauen oder um ein Geschäft zu tätigen. Nur, wenn wir uns allzusehr auf diese Kredite verlassen und sie nie zurückzahlen, dann haben wir «Schulden» und fühlen uns nicht wohl, denn äussere Schulden sind ein

Spiegel der inneren Schuld. Das wahre Mass liegt im Notwendigen, das nicht überschritten werden darf. Das Notwendige kann ein geringer Betrag sein, kann aber auch eine Million sein. Und deshalb bekommst Du nicht immer, was Du *willst*, sondern genau das, was Du *brauchst*.

Auch unser Körper ist ein guter Buchhalter. Er verwaltet unsere vitalen Energien und zeigt uns durch unsere Gesundheit genau auf, ob und wo und wie wir den energetischen Fluss stauen und blockieren. *Wie* wir Energie praktisch gebrauchen, *wie* wir damit manifestieren und umgehen, zeigt uns auf dieser Welt, was wir *wirklich* davon verstehen. Wirklich heisst, was in der menschlichen Realität wirkt. Die materielle Realität ist ein Gradmesser unseres Bewusstseins, denn Energie ist Bewusstsein. Wir werden an unseren Früchten erkannt.

Die Energie-Buchhaltung für die gesamte Menschheit ist erst ausgeglichen, wenn alle Rassen, alle Nationen, wenn Mann und Frau, wenn Nord und Süd, wenn Ost und West in Harmonie und Respekt auf diesem Planeten zusammenleben.

Es ist Deine Aufgabe, Deine persönliche Energie-Buchhaltung in Ordnung zu bringen, ins Heil zu bringen. Deine spirituelle Energie, Deine Gedanken-Energie, Deine Gefühls-Energie, Deine Körper-Energie und auch die Geld-Energie fliessen, wenn sie ausgewogen im Geben und Nehmen eingesetzt werden. Wenn nicht übermässig Geld eingenommen wird (zum Beispiel indem Du andere ausbeutest, sei dies nun als persönlicher Gratis-Zu-Diener, als Arbeitskraft oder als Zins-Quelle), oder übermässig ausgegeben wird (nämlich Geld, das Du nicht hast), ist die Buchhaltung in der Polarität ausgeglichen. Wo eine Buchhaltung geführt wird, sollte ein Budget die Grundlage sein. Es ist sehr klug, auf jeder Energie-Ebene abzuschätzen, wie weit die Kraft und der Vorrat reichen, und es ist auch klug, mutig und vertrauensvoll zu wagen. Jeder Mensch an jedem Platz auf diesem Planeten ist fähig, dies zu tun, dies auf seine Weise, in seinem Rahmen und nach seinem Bewusstsein zu tun, ist ermächtigt, seinen Platz unter der Sonne einzunehmen und damit zum Gleichgewicht in der energetischen Buchhaltung der Menschheit beizutragen. Begib Dich in allem, was Du denkst, fühlst und tust, bewusst auf die Sonnseite des Lebens und sei ein Vorbild für die, die sich noch auf der Schattenseite aufhalten. Meide die Negativität, die Gift für das Leben ist.

So wirst Du zum Licht für andere.

Hast Du im Alltag wenig Geld zur Verfügung, dann wertschätze alles, was *kein* Geld kostet: die Luft, die Sonne, die Natur, die Schönheit, die Gesundheit, der Spass, die Liebe. Gelingt Dir das im Kleinen, dann vermittelst Du Deinem Unterbewusstsein ständig ein Bild des Reichtums und des Versorgtseins, so dass auch Dein Geldfluss wieder voller werden kann. Wähle auch in schwierigen Lebenssituationen für alles die positive Form, das positive Bild, denn Gedanken und Gefühle der Sorge vermitteln dem Unterbewusstsein nur ein Bild des Mangels und des Leidens. Mit Deinen inneren Bildern gestaltest Du Dein Leben und ziehst entsprechende Situationen an. Mangel oder Fülle kreierst Du selber – durch Deine Gedanken und durch Dein Glaubenssystem.

Das Energie-Gleichgewicht in Dir zu erstellen ist das, was Du heute tun kannst, was Du jederzeit und in jeder Lebenslage tun kannst. Stimme Dich dreimal im Tag auf Deine innere Energie-Buchhaltung ein, vielleicht am Morgen, am Mittag und am Abend, und lasse fünf Minuten lang Licht durch Dein Energie-System fliessen, durch Deinen Körper, durch Deine Gefühle und durch Deine Gedanken. Strahlendes, funkelndes, vibrierendes Kristall-Licht. Tust Du dies konsequent jeden Tag während mindestens einem Jahr, so entwickelt sich Dein Energiefeld in eine höhere Schwingung, was sich in Deinem Alltag nährend auswirkt und Dir Änderungen bringen wird, vor allem im Denken. Auch in Deinem Geldhaushalt kannst Du positive Veränderungen in Angriff nehmen. Dazu braucht es Geduld und Zeit!

Das universelle Energie-Gesetz ist einfach und direkt. Es ist das Geburtsrecht eines jeden Menschen, erfüllt zu sein, reich zu sein – und nicht arm. Reichtum ist in Dir innen. Bewerte Reichtum mit Deinen Gefühlen, nicht mit Deinem Geld. Bist Du innen und aussen im Gleichgewicht, dann ist es auch Dein Selbstwert und Du bist reich.

Materie ist ein neutraler Zustand, genau wie das Geld.

Die meisten Menschen bringen das Geld aber mit einem *polaren Zustand* in Verbindung, nämlich mit dem des Reichtums oder der Armut, mit der Polarität von arm und reich. Werfen wir einen Blick in die Welt, dann sehen wir überall grosse Not, sehen Menschen, die hungern, die physisch hungern, weil es an Nahrungsmitteln fehlt, und sehen Menschen, die psychisch hungern, weil es an emotionaler Nahrung fehlt. Der physische Hunger in den Entwicklungsländern und der seelisch/spirituelle Hunger in den Industrieländern ist die gleiche Seite der polaren Münze Reichtum/Armut, ist entweder eine äussere oder eine innere Armut. Auf der menschlichen Ebene verstehen wir nicht, warum so viele Menschen verhungern und sterben, obwohl doch genug Essen und genug Liebe für alle da ist. Werfen wir einen Blick in den polaren Spiegel von reich und arm und betrachten diesen Zustand von der geistigen Ebene aus, dann können wir sehen, dass es nicht funktionieren kann, Nahrung auf dem Erdball hin und her zu schieben, damit die, die hungern, essen können. Die Hilfeleistungen sind zwar ehrlich und gut gemeint, scheinen aber oft zu versanden und zu verpuffen. *Funktionieren können sie nur, wenn von allen Beteiligten die innere Haltung geändert und Bewusstsein entwickelt wird.* Die Menschen in den Industrieländern suchen den Anschluss an den inneren Reichtum – sie verhungern seelisch – und die Menschen in der dritten Welt und den grossen Weltstädten suchen den Anschluss an den äusseren Reichtum – sie verhungern physisch. Dieser Mechanismus hat nichts mit Geld zu tun, sondern mit Wissen, mit Bewusstsein, mit richtigem Tun. Wollen wir in einer besseren Welt leben, dann müssen wir sie bewusst gestalten und aufbauen, müssen gemeinsam *für* den wahren Reichtum sein und nicht *gegen* die Armut kämpfen. Solange das Geld in den Köpfen der Menschen ein Gott ist, täuschen sie sich selber. Denn eines Tages lässt sie dieser Gott im Stich und sie erkennen, dass sie ihr Leben vertan haben. Auch der Gegenpol, nämlich das Geld zu hassen, ist die gleiche Täuschung, denn es geht auch hier um die Form des Geldes, es geht um Haben oder nicht Haben, und nicht um Sein.

In der Mitte zu sein, ist die wahre Lebenskunst auf diesem Planeten.
Finanzieller Reichtum ist nicht ausgeglichen, ist nicht die Mitte.
Finanzielle Armut ist nicht ausgeglichen, ist nicht die Mitte.

Und so haben Reiche Macht.
Und so haben Arme Macht.

Denn alle Menschen haben die gleiche schöpferische Macht im Denken und manifestieren genau das, was sie denken. Macht oder Ohnmacht – beides ist Macht. Sicher, finanziell reiche Menschen haben einen enormen Einfluss auf die Wirtschaft und verursachen Trennung und Ungleichheit. Finanziell arme Menschen nehmen aber Einfluss auf die Menschlichkeit, auf die Ethik und fördern so die Brüderlichkeit, die Einheit. Beide Seiten der Münze helfen mit, dass die Menschheit sich gesamthaft entwickelt und ihre Sprossen auf der Evolutionsleiter in Angriff nimmt. Die jetzige Sprosse heisst Gleichgewicht in allen Bereichen, heisst Brüderlichkeit und Freiwilligkeit in der spirituellen Entfaltung, damit wir eine reifere Haltung in der irdischen Polarität einnehmen.

Und das geschieht tatsächlich, denn immer mehr Menschen in der westlichen Welt gehen bewusst mit ihren Energien um, immer mehr Menschen haben einen guten Kontakt zu ihrer Seelenenergie und *leben diese auch in ihrem Alltag*. Sie verlassen sich auf ihre innere Führung und haben eine Lebenshaltung, die die gewohnten Abläufe in der dritten Dimension sprengt. (Die dritte Dimension ist die stoffliche Welt, ist die polare Welt, wo gemessen, gewogen und getrennt wird, wo die Analyse und das Detail zählen und das rationale Denken das Sagen hat.) Durch den Gebrauch der feinstofflichen Energien und der Intuition im Alltag zeigen sich langsam positive Änderungen in den Systemen, die das Zusammenleben der Menschen regeln, wie die Wirtschaft, die Wissenschaft, die Bildung, die Politik, die Kunst und die Religion. Über das Herzens-Denken öffnen sich die Menschen dem Licht, werden bewusster und wissen um die universellen Zusammenhänge. Mit wachsendem kollektivem Bewusstsein (schau Dir einmal die Gespräche an, die Du heute mit andern führst, schau Dir die Themen an und erkenne daran Dein Wachstum) wird ein Schlüssel für das ökologische Verteilernetz zum Tragen kommen, der allen gerecht wird. Die jüngeren Generationen, vor allem diejenigen, die nach 1964, und ganz besonders diejenigen, die nach 1987 geboren wurden, haben das Wissen um diesen Schlüssel in ihren Zellen kodiert und sind um die Jahrtausendwende bereit, zu erwachen. Sind bereit, ihr Wissen zu entwickeln und in allen Berufen einzusetzen (was zur Folge haben wird, dass sich die Wirtschaft und die Politik ändern müssen), sind bereit, es «anders» zu machen und die entsprechende Verantwortung zu übernehmen. Jahrhundertelang sind Ungerechtigkeiten toleriert worden, jahrhundertelang sind ökonomische und soziale Probleme unter den Tisch der Reichen und der Machthungrigen gewischt worden und haben zu schrecklichen Zuständen geführt. *Macht und Ohnmacht sind nur über polarisierte Energieströme möglich, sind nur dort möglich, wo ausgetauscht wird. Der Tausch unter den Menschen findet statt in den Emotionen, in der Sexualität, in der Materie und im Geld. Dort ist es möglich, Macht zu missbrauchen, niemals aber in der allumfassenden Liebe, denn Liebe ist, hüllt ein, gibt und akzeptiert.* Die Menschheit ist nun bereit, in Liebe zu einer gemeinsamen Basis zu finden, ist nun bereit, die Beziehung zu ihren schöpferischen Kräften zu heiligen, ist nun bereit, *nebeneinander und miteinander* diesen Planeten zu bewirtschaften und zu hüten. Ist bereit, ein guter Hüter der Bodenschätze, der Pflanzen, der Tiere und der Materie zu sein.

Bringe jeden Tag Deine eigene Energie-Buchhaltung in Ausgleich, bringe Deine Bilanz zum Stimmen – durch Selbsterkenntnis und Ehrlichkeit, durch Mut und Handeln. Erkenne genau, wieviel Energie Du zum Erfüllen der Grundbedürfnisse von Essen, Wohnen und Bildung brauchst und wieviel Nahrung Du für die Seele brauchst, Nahrung wie Kunst, Austausch, Entwicklung, Freizeit, Erholung und Spass. Hast Du Dich innerlich entschieden, Ordnung zu schaffen, dann stellt sich diese im Aussen natürlich ein – auch in Deinem Geldhaushalt! Und dann geh und hilf andern, ihr Soll und Haben auszugleichen, hilf denen, die allein nicht stark genug sind. Lehre sie Eigenverantwortung und schwäche sie nicht, indem Du ihnen diese abnimmst. Oder noch schlimmer, indem Du für alles und jedes Zinsen nimmst. Durch freiwilligen Verzicht auf das Verrechnen von jeder Sekunde, der kleinsten Leistung, von jeder Gabe in den persönlichen Leben findet ein Umdenken statt und die öffentlichen und wirtschaftlichen Gruppierungen, der weltweite Energie-Haushalt können in einen gesunden Fluss kommen. So nimmt das Geld wieder seinen ursprünglichen Platz als Tausch-Instrument ein und wird in Liebe benutzt. Ist das Geld in den Herzen der

Menschen, dann wird es in ihren Händen zu Gold und bringt friedvolle Taten, bringt Segen. Und die Menschen sind reich und glücklich, sind vielleicht finanziell «arm», aber glücklich. Sind einfach glücklich und beten das Geld weder an, noch verachten sie es.

Geld kann reich machen.
Geld kann arm machen.
Zuviel Geld kann Dich einschlafen lassen.
Not macht erfinderisch.
Sich sorgen macht arm.
Wirf Deine Armutsgelübde über Bord.

So kann die Vergangenheit arm machen, wenn man irgendeinmal weit zurück, vielleicht sieben Erdenleben zurück, beschlossen hat, ein spirituelles Leben zu führen und deshalb ohne Besitz zu sein. Das mag für die damaligen Lebensumstände der richtige Entscheid gewesen sein, aber für die jetzige Inkarnation hemmt und hindert Dich dieser. Auch die Zukunft kann arm machen, wenn *heute, in der Gegenwart* die Sorge und der Zweifel da sind, ob man in drei Jahren genug zum Leben haben wird. Was Du in drei Jahren tun wirst, kannst Du heute nicht wissen, und so zählt nur, ob Du jetzt und heute genug hast. Deshalb überprüfe Deine Haltung zu den Versicherungen und zur Altersvorsorge genau, denn auch das ist Geld, das in der Gegenwart für Dich nicht vorhanden ist. Auch hier bedeutet das für Dich richtige Mass Gleichgewicht, so dass eine Versicherung dort sinnvoll ist, wo schnell hohe Kosten entstehen und wo Menschenleben im Spiel sind, wie zum Beispiel eine Spital- oder eine Autoversicherung. Hast Du viele Versicherungen und willst alles und jedes abgedeckt haben, so gibst Du Deine kreative Macht ab, beschneidest Dich in Deiner Risikofreudigkeit und tötest damit Deinen inneren Forscher. Auf diesem Planeten bist Du sehr viel sicherer, als Du glaubst. Täglich bewegst Du Dich mit Millionen andern im Strassenverkehr oder im Flugverkehr, kämpfst Dich durch Lärm, Hitze, Kälte, Regen und Sturm, setzt Dich mit Familie und Gesellschaft auseinander und lebst trotz all dem munter weiter. Und warum bist Du so sicher? Weil Du nicht Körper bist, sondern weil Du ein Lichtwesen, weil Du Seele bist, und in der stofflichen Polarität Erfahrungen machst und wirkst. Die göttliche Schöpfung schützt diesen Erden-Plan und sieht für alle das Bestmögliche vor. Du kannst Dich also in jeder Alltagssituation entspannen und Dich über Deine vermeintlich sicheren Grenzen hinausbewegen, denn innen bist Du sicher.

Nur die innere Sicherheit macht reich, nur der innere Reichtum lässt äusseren Reichtum zu, was sich natürlich auch in Gold und Silber, was sich in Form von Geld manifestieren kann. Der wahre Gradmesser des Reichtums ist die Freude. Fehlt diese, kann ein reicher Mann ein armer Mann sein. Du kannst Dich freuen über etwas, das Du siehst, hörst, riechst, fühlst, Du kannst Dich freuen über das, was Du bist, über das, was Du hast, über irgendetwas, das Dein Herz überfliessen lässt, das Dich Energie verteilen und ausströmen lässt, so dass alle um Dich herum teilhaben können. Freude ist nicht eine einsame Angelegenheit, Freude strömt aus, dehnt sich aus, strahlt aus und erreicht alles und jeden in Deinem Umfeld. Hast Du Geld, hast Du genug Geld oder hast Du sogar sehr viel Geld und *Du freust Dich im Herzen darüber*, dann kann Geld Reichtum bedeuten. So wie Freude sich ausdehnt und verteilt, verteilt sich auch freudiges Geld und fliesst in sinnvolle Projekte, in persönliche Projekte, in Familienprojekte, in nationale, globale und universelle Projekte.

Freude ist eine Aufwallung des Herzens und passiert einfach.

Geld, das sich über lange Zeit nicht bewegt, kann arm machen, kann einen Reichen zum Bettler machen, kann ihn im Herzen zum Bettler machen. Warum will ein Reicher immer noch mehr, auch wenn er längst genug zum Überleben, genug Wohlstand hat, auch wenn dieses «Mehr» auf Kosten von anderen geht, die vielleicht das Nötigste verlieren? Gier, Machthunger, Lieblosigkeit, Unsicherheit, Spielwut und Isolation sind schlechte Lebensberater. Ist Geld auf Bankkonten eingefroren – *und damit ist nicht eine vernünftige, sinnvolle persönliche Reserve für Unvorhergesehenes gemeint, die als Vorrat gilt* – oder verplant in langfristigen Geschäften, die profitorientiert sind, so hat es kein Leben mehr, jedenfalls für den Eigentümer nicht mehr – und kann anbinden und starr machen. Auch das virtuelle Geld, das Geld, das wir nie sehen und höchstens mit unseren Kreditkarten herumschieben (Kreditkarten sind Geld auf Zeit und nähren Illusionen) hat für uns keinen direkten Bezug zu unserem Leben, ganz einfach, weil es nicht durch unsere Hände fliesst und wir es nicht mehr beleben und mit Licht aufladen. Bargeld in der Hand ist kreativ, Gold und Silber und Papier haben einen irdischen Wert, weil Du sie mit Deinen Sinnen wahrnimmst.

Ist das Gleichgewicht zwischen dem Hand-Geld und dem virtuellen Geld gestört, so wird der natürliche Energiefluss des Geldes verschmutzt und blockiert. Jede Energie muss direkt mit dem Leben verbunden sein, mit der vitalen Kraft, sonst wird sie künstlich, spaltet sich ab und führt in der Polarität ein ungesundes Eigenleben.

Die vitale Kraft entspricht unserer menschlichen Kraft und ist unser Motor, ist die Basis in unserer materiellen Welt. Darauf bauen wir unser persönliches Lebensgebäude und füllen es mit seelischer und geistiger Energie – ein Haus, eine Familie, einen beruflichen Einsatz, eine Firma, eine spirituelle Lehre. Wir sollten fähig sein, diese beiden Ebenen miteinander zu verbinden, ohne sie zu verwechseln. So geben wir also dem Kaiser (Materie), was des Kaisers ist, aber nicht mehr und nicht weniger, und sind dann geistig frei, reich, überfliessen, kreieren und machen uns und andere glücklich.

Nur das zählt. Doch viele Menschen zählen lieber Zahlen und ganz besonders gern zählen sie Zahlen mit möglichst vielen Nullen. Sicher, jede Münze, jeder Geldschein, jeder Bankauszug besteht aus Zahlen und wir be-zahlen unsere Rechnungen mit Zahlen. Eigentlich sind wir auf dieser Erde wandelnde Zahlen, sind mit dem Verstand vor allem über Zahlen erreichbar, angefangen beim Geburtsdatum über die Hausnummer, die Postleitzahl, die Telefonnummer, über das Bankkonto, über die Versicherungsnummer, die Autonummer und die Nummern auf den Kreditkarten. Jede Fernsehstation kämpft um die Zuschauerzahl, jede Zeitung sorgt sich um die Zahl der Auflage und von den Umsätzen und Verkaufszahlen der Geschäfte wollen wir hier gar nicht reden. Die Zahlen der Geburten und die Zahlen der Todesfälle bestimmen unsere Statistiken und wir vergessen, dass hinter jeder Nummer ein Mensch, ein Herz, eine Seele und ein Lichtwesen steht. Ein tägliches Thema! Wir stellen Gebrauchsgegenstände gemäss den Zahlen (Kosten und Preise) her und stellen die wirklichen Bedürfnisse der Menschen nicht mehr in den Vordergrund. Und wir tauschen Zahlen (Geld) in eben diese materiellen Formen um, indem wir sie kaufen. Dabei merken wir nicht, dass die ursprüngliche Idee als Tausch- und Verständigungsinstrument längstens vergessen ist und dass nur noch der Gewinn zählt. Wir rennen mit den andern, machen Jagd auf Besitz, horten, schwitzen, arbeiten uns zu Tode und lassen gar noch andere für uns schuften. So sind die Geld-Wege, aber auch die Zeit-Wege, nicht mehr die reinsten.

Nur was rein ist, was echt ist, ist kosmisch gesehen an seinem Platz.

Die Zahl der Jahre, die ein Mensch gelebt hat, ist seine irdische Vergangenheit und teilt ihn in eine Alterskategorie ein. Mit den Jahreszahlen wird unsere menschliche Geschichte geschrieben. Lesen wir nicht nur mit dem Verstand, sondern erfassen wir die Zahlen auch mit dem Herzen, so entdecken wir, dass hinter den Zahlen Energien, Kräfte stehen, dass sie uns Geschichten über Schicksale, Hoffnungen, Tränen, Komödien und Tragödien erzählen. Zahlen sind ein Teil der Lichtsprache, sind Licht, sind universelle Symbole, genau wie die Farben, die Töne und die geometrischen Formen es auch sind. Jede Zahl ist eine universelle Kraft und bringt uns multidimensionales Verständnis. Dadurch «erkennen» wir, lernen «neu» dazu, sehen Zusammenhänge, verstehen materielles Wirken und schulen unser Denkvermögen. Kopfrechnen bringt Leichtigkeit in unsere Logik und die geometrischen Formen zeigen uns universelle Gesetzmässigkeiten auf. Zahlen sind also die universellen Bausteine der Materie, bringen eine gewisse Ordnung und Struktur, bringen Bewegung und Wissen, um all die vielfältigen Möglichkeiten im polaren Leben in Einklang zu bringen. Jede Zahl kann auch in Worte übersetzt werden:

0 Licht, Geist, Sonne, Quelle, Vater/Mutter-Prinzip

1 Anfang, Entschlossenheit, Ich-Bewusstsein, Pionier, männliches Prinzip

2 Sensitivität, Empfängnis, Empfindsamkeit, Vereinigung, weibliches Prinzip

3 Kreativität, Wissensdrang, Kunst, Schönheit, Prinzip des Kindes

4 Materie, Organisation, irdisches Fundament, Prinzip der Stofflichkeit

5 Unbekanntes, Aufbruch, Ausdehnung, Öffnung, Prinzip des Forschers

6 Verantwortung, Verstand, Verlässlichkeit, Begrenzung, Prinzip des Ausgleichs

7 Spirituelle Werte, Mystik, der Sinn der Dinge, göttliches Prinzip

8 Lenkung der Energie, Macht, Stärke, magisches Prinzip

9 Universelle Liebe, Mitgefühl, Humanismus, Verbindung, Prinzip der Einheit, Ende und Anfang

Auf unseren Münzen und Noten finden wir vor allem die Eins, die Zwei, die Fünf und die Null. Wir lieben die Null, wir lieben viele Nullen, wir lieben überhaupt runde Kreise, denn sie erinnern uns tief in uns innen an das universelle Versorgungsprinzip der Fülle, der Einheit, der Quelle. Doch ohne eine andere Zahl ist eine Null nicht geerdet, ist nicht irdisch, ist nicht fassbar, ist nicht stofflich, denn sie ist Symbol für die grösste Raumeinheit, die existiert – die Unendlichkeit. In unserem Dezimalsystem ist die Null ohne Wert (wir titulieren einen unfähigen Menschen mit der Aussage: Er ist eine Null), aber jede andere Zahl mit einer oder mehreren Nullen hat augenblicklich mehr Wert. So wird die 1 zur 10 oder zur 1‘000‘000 und wir bekommen runde Augen. Die Zahl Null ist ein mystisches, ist ein geistiges Symbol und läutet höherschwingende Stufen in der menschlichen Evolution ein. Sie ist in allen Zahlen unsichtbar vorhanden und tritt durch eine andere Zahl überhaupt erst in Erscheinung. Jede Zahl wirkt auf unser Denkvermögen, löst in uns Entsprechungen aus und bringt uns in eine bewusste Verbindung mit den universellen Gesetzmässigkeiten. Der tägliche Umgang mit dem Geld erinnert uns durch seine Zahlen an die höhere göttliche Ordnung, an die Essenz aller Formen und Zahlen, an die Heilige Geometrie. Geld kann uns mit seiner Symbolik eine Basis für höhere Zusammenhänge sein, und sind wir uns darüber bewusst, gehen wir aufmerksam damit um, so können wir erkennen, warum wir uns mit grossen Summen auf der Bank so sicher fühlen. Viele, viele wiegen sich in der Illusion, durch eine Zahl mit vielen Nullen im Computer einer Bank reich zu sein. Das ist eine Realität für sie, eine Tatsache, die oft in Illusionen endet. Ohne Vision, ohne Bewegung, ohne Weitergabe, ohne Teilen, ergibt das übermässige Anhäufen grosser Summen (hier ist nicht ein vernünftiger Geld-Vorrat gemeint) keinen Sinn, sondern fördert das Verstecken von Geld und zieht dieses aus dem Verkehr. Dort fehlt es dann, so dass kurzerhand mehr Geld, künstliches Geld und damit schwaches Geld auf den Markt geworfen wird. Weil Geld organisch fliessen muss, kann es nur beschränkt aufbewahrt werden – sonst wird es zur Last und zur Bürde, erzeugt künstliche Knappheit und das System ist nicht mehr gesund. Auf persönlicher Ebene kann aus diesem Grunde ein hohes Familienvermögen, das vererbt wird, nicht nur eine Freude, sondern auch eine Verpflichtung mit Auflagen sein, die die Seelenabsicht und die Talente des Erben vergräbt. So kann eine Erbschaft sehr wohl irdischen Reichtum bringen und gleichzeitig die Seele verarmen lassen.

Unsere persönliche Summe auf der Bank ist ein winzigkleiner Geld-Topf, das gesamte Geldgut der Welt ist ein winzigkleiner Energie-Topf, durch dessen Inhalt wir uns wieder an den grossen, universellen Topf, an die Fülle, rückverbinden können. Dieser grössere Topf hat «mehr» von allem, mehr Wissen, mehr Liebe, mehr Materie, mehr Geld, mehr Gold, das sich dann wiederum über uns ausgiesst, – wie die Sterntaler über das arme Zündholzmädchen.

Den Geld-Topf an unserem Ende der farbigen, schillernden Regenbogen-Brücke finden wir nur mit dem Herzen, finden wir nur, wenn wir richtig mit unserem Willen und mit unserer Wunschkraft umgehen, wenn wir unseren «Besitz» von Liebe und Licht mit andern selbstlos teilen. Dann erhalten wir den Schlüssel und entwickeln die Leichtigkeit und die Reinheit, um die Regenbogenbrücke zu betreten und aus dem kosmischen Topf der Fülle genährt zu werden. Gebrauchst Du Deinen Freien Willen und Deine Wunschkraft für höhere Werte, transformierst Du sie in Liebesenergie und möchtest dem Ganzen dienen, dann erhältst Du über die Regenbogenbrücke automatisch die damit verbundene benötigte Materie, seien es Waren, Räume oder Geld. Diese verwaltest Du, und tust Du das im Namen der gesamten Schöpfung, dann dienen sie Dir und helfen Dir bei der Manifestierung Deines Seelenplanes. Sie helfen Dir, rechte menschliche Beziehungen herzustellen, andere zu lehren, zu heilen und andern zu geben. Denn gibst Du nicht weiter, dann stoppst Du die universelle Energie, die über die Regenbogenbrücke zu Dir fliesst. Passiert das, fühlst Du Dich innen unsicher, sehr unsicher. Gibst Du aber weiter, so wird Dir gegeben.

Sicherlich hast Du schon von der Abgabe des «Zehnten» gehört. Die spirituelle Idee des «Zehnten» ist, den zehnten Teil des Einkommens in einen gemeinsamen Topf zu werfen – *ohne Lob und Anerkennung zu erwarten, ohne an einem Gewinn beteiligt zu sein* – und so die Allgemeinheit zu «befruchten». Der «Zehnte» zeigt uns genau auf, dass unser irdischer Zahlenzyklus von eins bis neun verläuft, um sich dann durch die 0 in die 10 zu entwickeln und in der nächsten Runde von der 11 bis zur 19, oder von der 21 zur 29 fortzusetzen. Aus diesem Grunde sind Wiederholungen in unserem Leben ähnlich und doch sehr verschieden, weil sie auf einer anderen Energiestufe stattfinden. Du kannst jeden Tag in den gleichen Fluss eintauchen und jedesmal ist es anders, weil sowohl der Fluss als auch Du anders sind. Die Zehn ist die Mitte, ist der Übergang und ist Symbol für die Abgabe des «Zehnten» – was auch eine freiwillige, selbstlose Abgabe von Zeit, von Engagement oder von gefühlsmässigen Gaben und Einsätzen an andere sein kann. Eine freiwillige, selbstlose Abgabe von unserem Energiefluss (der zehnte Teil kann ein recht grosser Teil sein) zeigt Dankbarkeit, zeigt eine spirituelle und somit kollektive Haltung und lässt uns leicht und neu in die nächste Neunerrunde eintreten. Der Zehnte ist ein Zugeständnis an das Ganze für eine bessere Welt.

Ein ähnliches Bild zeigt uns auch der Körper auf: Jeder Mensch hat neun Öffnungen (zwei Augen, zwei Ohren, zwei Nasenlöcher, einen Mund, eine Harn/Zeugungs-Öffnung und einen Anus). Nur der weibliche Körper hat die zehnte Öffnung, nämlich den Geburtskanal, um zu reproduzieren, um das Leben nach einer neunmonatigen Schwangerschaft in den nächsten Zyklus (Kind) hineinzugebären. Auf die Neun folgt die Eins mit der Null und symbolisiert uns auf Erden den Prozess des Wachsens und des Werdens in die Vollkommenheit, symbolisiert die Rückreise in die Einheit. Jede Geburt aktiviert zwei weitere Öffnungen, durch die Milch fliesst, die das Baby für eine gewisse Zeit nährt. Während dieser Zeit befindet sich der weibliche Körper der Frau, befindet sich die Mutter zusammen mit ihrem Baby in der universellen Schwingung der Zwölf.

Die Zahl zwölf repräsentiert eine reine Schwingung für die Menschen auf dem Planeten Erde und ist das Eingangstor in ein höheres Bewusstsein, in die Inspiration. Sie hat einen silbrigen Ton, klingt in unseren Herzen an und weckt spirituelles Wissen, das in jedem Menschen kodiert ist und ihn mit seiner Sternenheimat verbindet. Die stoffliche Wirklichkeit, die den Menschen an die Materie bindet, öffnet ihre Tore und gibt das Licht frei, das Licht, das immer vorhanden ist, aber lange verborgen bleibt, und ermöglicht eine menschliche Vollendung auf Erden, ermöglicht die Synthese von Materie und Licht auf Erden, durch Selbsterkenntnis und durch die Geburt (Transformation) in den nächsten Zyklus. Die Vollendung, der ganzheitliche, erwachte Mensch hat die Zahl 10 zum Symbol. Die Zahl 11, die beiden Einer, die beiden Pioniere, symbolisiert die Regenbogenbrücke, den Übergang in den nächst höherschwingenden Zyklus. Jede Geburt verlangt Hingabe und Loslassen und lässt uns weiterschreiten. Findet sie nicht statt, wiederholen wir den Zyklus von 1–9 in der alten Schwingung.

Jede Geburt, sei sie nun auf der physischen, auf der emotionalen oder auf der ideellen Ebene, bringt einen Menschen in die totale Verbindung, bringt ihn in eine universelle Schwingung. Eine

Schwingung, wo Licht, Liebe, Fülle und Harmonie die Basis sind. Auf dieser seelisch/geistigen Ebene kann er freudig wirken, hat er Ideen, teilt er, liebt er, vertraut der Schöpfung und somit sich und den andern und seine Energie fliesst. Fliesst in das menschliche Leben, fliesst in alle Systeme, fliesst auch ins Geldsystem, das so positiv genutzt wird. Geld ist dann Allgemeingut, auch wenn es in Deiner Tasche liegt, wird gerecht gehandhabt, wird geteilt, bringt wunderbare Möglichkeiten und beteiligt alle gemeinsam am organischen Wachstum einer natürlichen Wirtschaftsordnung, am Wachstum der Menschheit und des Planeten überhaupt. Es ist die soziale Verantwortung eines jeden einzelnen, was er mit seinem Geld tut oder nicht tut. Geld ist nicht eine Privatangelegenheit, sondern ist eine Menschheits-Angelegenheit, ist eine Angelegenheit des Wirtschafts-Systems, des materiellen, öffentlichen Versorgungssystems im Alltag. Geld regelt die materiellen Angelegenheiten und die Dienstleistungen der Menschen untereinander. Und nicht mehr.

Und doch regieren und kontrollieren eine Handvoll Privatpersonen, kontrollieren einige wenige Familien und Grossunternehmen den Geldmarkt auf diesem Planeten, bestimmen den Wert der Wertpapiere, spielen Inflations- und Deflationsspiele nach ihrem Belieben, verursachen künstliche Knappheit von lebenswichtigen Gütern, verbreiten kollektive Angst und Druck, kontrollieren Aktien, Obligationen und bestimmen die Zinse, lassen virtuelle Werte in die Höhe schnellen und wieder abstürzen, ohne dass auf der physischen Ebene nur ein Handstreich getan wird. Und alle andern Menschen lassen dies zu, weil sie auf diesem Gebiet nicht klar sind und den Mechanismus nicht durchblicken können. Ja, sie bringen ihr Geld sogar freiwillig zu den Börsen (und dazu brauchen sie die Banken als Mittler), die der unsicherste Ort für wahre Werte sind. So unterstützen sie diese unnatürlichen Geldspiele, weil sie der Verlockung, aus Geld Geld zu machen, aus nichts viel zu machen, nicht widerstehen können. Millionen und Millionen von Menschen arbeiten für dieses System, nur damit es immer die gleichen melken können. Durch einige wenige Gross-Einheiten (Unternehmen, Familien) ist der freie Markt längst ausgeschaltet. Angebot und Nachfrage sind nicht mehr natürliche Polaritäten, sondern die Gross-Einheiten diktieren und manipulieren durch gezielte Eingriffe (Druck) und Werbeaktionen eine Nachfrage, die dann logischerweise nur sie abdecken können. Damit schalten sie den gesunden Wettbewerb aus und ihre Kontrolle ist total. Diejenigen, die hinter diesen gut funktionierenden Strukturen die Fäden ziehen, wollen ihre Macht behalten und wehren sich gegen die Idee einer wirtschaftlichen Vernetzung von kleinen, flexiblen Handelseinheiten, sie wehren sich gegen alternative Methoden. Die Ölmultis haben kein Interesse an der Erschliessung von freien Energiequellen, die allen gehören. Die Pharmaindustrie hat kein Interesse an der Heilenergie, die sich nicht vermarkten lässt. Die Waffenindustrie kann in Frieden nicht existieren und die Banken wollen keinen zinslosen Geldverkehr. Und es scheint auch, dass das Geld eine männliche Angelegenheit ist, denn fast das gesamte Geldgut gehört den Männern!

Und weil zahlreiche Menschen auf diesem Planeten alles daran setzen, dass die Dinge bleiben wie sie sind, haben wir heute die Situation, dass auf der einen Seite (Gross-Einheiten) riesige Vermögen und somit Macht und Einfluss vorhanden sind und auf der anderen Seite (die Nationen,

Milliarden von Einzelpersonen mit ihren Privathaushalten, die öffentliche Hand, Firmen, Geschäfte) riesige Schulden, Ohnmacht und keine Bewegungsmöglichkeiten. Hier stellt sich die Frage, wieviel Ungleichgewicht die Welt eigentlich verträgt. Das Märchen von der wundersamen Geldvermehrung per Zins und Zinseszins ist ein Lügenmärchen, denn Geld ist Materie, ist neutral und *kann nur umgewandelt werden. Materie kann sich nicht aus sich heraus vermehren, niemals. Die Zinswirtschaft verändert das Geld von einem Instrument in eine Ware an sich, in eine Handelsware, und weil es nur noch beschränkt als Tauschmittel eingesetzt wird, hat es längst seinen eigenen Markt: den Geldmarkt, der keine Gefühle und kein Mass für das Leben zulässt. Die heutige Zinswirtschaft entspricht nicht den kosmischen Gesetzen*, sondern basiert auf Ausbeutung in der Polarität, ist das moderne Sklaventum, erzeugt Spannung und lässt kein Gleichgewicht zu, verursacht dabei horrende Kosten, die keine Möglichkeiten für kreative Investitionen mehr zulassen. Viele der heutigen Arbeitsplätze sind Folterplätze, sind unmenschlich, weil der Arbeitsmarkt vom Geldmarkt gesteuert wird. Wir alle unterstützen, sei dies nun bewusst oder unbewusst, diese Achterbahn der Zahlen und Zinsen und können vor lauter Höhen und Tiefen, vor lauter Geschwindigkeit und Gegenwind nicht mehr klar sehen und klar denken. Dabei können wir uns nur noch festhalten, wo wir doch loslassen sollten. Erkennen wir, dass diese Wahnsinnsfahrt lebenszerstörend ist und lassen endlich los, so wagen wir auszusteigen aus dieser Zins-Regierung und besinnen uns wieder auf das Tauschen und Austauschen – von Wert zu Wert, von eins zu eins, von Ware gegen Ware, von Ware gegen Geld, von Dienstleistung gegen Geld oder Ware. Lebensnah und direkt und vor der eigenen Haustüre, das heisst, das eigene Verständnis nicht übersteigend.

Jeder Einzelne kann in die Waagschalen dieses gigantischen Geld-Spiels ein Gegengewicht legen – nämlich seinen menschlichen Wert, seine Ethik.

Vielleicht kennst Du sie schon, die berühmte Geschichte der «Jesusmünze». Eine Münze, die bei der Geburt Jesu im Jahre Null mit 5 Prozent Zinsen auf ein Sparheft gelegt worden wäre, hätte den Anleger bis zum heutigen Tage durch Zins und Zinseszins zum Besitzer des gesamten Planeten gemacht, mit allem und jedem, was darauf existiert und kreucht und fleucht. Wird das Ungleichgewicht auf diesem Planeten noch grösser, so sind wir nicht mehr weit von diesem Szenario entfernt.

Verlasse mit Deinem Geld den kranken Geldmarkt. Nähre nicht die Nehmer.

Lasse Dein Geld in einen gesunden, überblickbaren Tausch- und Kreativmarkt fliessen, in einen menschlichen, lebensfreundlichen Markt. Investiere dort und wachse organisch in weitere Projekte hinein, die helfen, die Missstände auf diesem Planeten zu heilen. Investiere in Deine Kreativität, investiere in Deinem Leben und nicht im Leben anderer, deren Vision und Moral Du gar nicht kennst. Übernimm die Verantwortung für Dein Geld, auch wenn Du im Moment nicht viel hast. Tu etwas und lasse es nicht die andern tun. Fühle, wie Dein Geld lebt und Leben erhält, wenn Du kreativ damit umgehst.

Bist Du klar auf Deinem eigenen Geldmarkt? Wie entscheidest Du Dich heute, mit Deinem Geld umzugehen? Nicht klar sein auf diesem Gebiet heisst, nicht klar sein in der Menschlichkeit. Solange Du nicht Deine Kreativität unterstützest und die Verantwortung für Dein Leben übernimmst, solange Du andern (Eltern, Partner, Kindern, dem Nächsten, den Multis, dem Staat, dem Schicksal) Schuld zuweisest und ihnen nicht ihren Wert gibst, solange Du Dir selber nicht den Wert gibst, mit Deinem Geld persönlich und weltweit eine gesunde Haltung einzunehmen, solange bist Du nicht klar auf den Gebieten der Werte, der Sicherheit und des Besitzes.

Dein äusserer Wert spiegelt Deinen inneren Wert.
Deine äusseren Schulden spiegeln Deine inneren Schulden.
Deine äussere Sicherheit spiegelt Deine innere Sicherheit.
Dein äusserer Besitz spiegelt Deinen inneren Besitz.
Das Gleichgewicht macht alle Gewichte gleich.
Deine Kreativität erhält und nährt Dich immer.

Es ist nicht das Geld, das Probleme macht, sondern es sind die Unklarheit, der Missbrauch und der Egoismus im Umgang mit Geld, die uns arm machen. Physisch arm und seelisch arm. Du bist wichtig, Deine Einstellung und Deine Handlungen sind wichtig, denn die machtvollen Fadenzieher brauchen genau Dich, damit ihr System funktioniert. Wenn Milliarden von Menschen ihr persönliches Verhalten bewusst ändern und die Spiele nicht mehr mitmachen, wenn sie die Energie in Form von Gedanken, Gefühlen und Geld nicht mehr liefern, dann ändern sich die Spiele, *müssen* sich ändern. Dazu braucht es jeden Einzelnen, dazu braucht es Bewusstsein und Mut, die eigenen Talente zu entwickeln und zu leben. Durch den Lichteinfluss, durch den Bewusstseinsprozess und die Kommunikation kommen immer mehr Menschen in Kontakt mit ihrer Seele und ändern lebensfeindliche Muster in lebensfreundliche um. Die jungen Generationen durchlaufen die spirituell-psychologischen Prozesse immer schneller, aktivieren ihre geistigen Quellen rascher und erinnern sich müheloser an ihre spirituelle Aufgabe auf diesem Planeten.

Erwachte Menschen gehen die Lebensprozesse ganzheitlich an – nicht sektiererisch, getrennt und besitzesorientiert. Sie sind auf Erden die Verwalter und die Hüter von Energie – und nicht die Besitzer. Sie sind die Verwalter und Hüter aller Reiche, des Mineralreichs (von hier stammt die Idee der Sicherheit), des Pflanzenreichs (von hier stammt die Idee der Lichtspeicherung), des Tierreichs (von hier stammt der Instinkt, für sein Überleben selber zu sorgen) und des Menschenreichs (von hier stammt die Idee des Geldes und hier findet der Markt statt). Und sind sie gute Hüter, sind sie liebevolle und selbstlose Hüter, dann werden sie von diesen Natur-Reichen in ihrer Absicht unterstützt. Sicher, zum Überleben des Körpers braucht es einen gewissen Besitz und Materie, die einfach ein gutes Sprungbrett, ein gutes Gefäss für die geistige Ausrichtung sind, für die Entwicklung der seelischen Kräfte und der kreativen, spirituellen Talente, für die Erfüllung der Aufgabe auf diesem Planeten. Aber was es vor allem braucht, ist ein gesundes Geldbewusstsein.

Ein gesundes Geldbewusstsein entwickeln heisst, sich nicht um den Besitz, sondern um die Haltung im Gebrauch des Geldes zu kümmern, heisst, durch Wissen eine egoistische Einstellung zu verändern. Heisst, sich um die eigene Kreativität zu kümmern. Denn wer unbedingt besitzen will, der kann auch besessen werden.

Im Akt der Kreativität, der Geburt (sei dies nun eine physische, eine künstlerische, eine geschäftliche oder eine ideelle) sind wir eins mit der Quelle, sind wir eins mit dem göttlichen Lebensstrom. Durch uns wird geschöpft und wir erkennen, dass die Schöpfung unser wahres Vermögen ist. Wir fangen an, unsere inneren Juwelen zu tragen, wir fangen an, zu verstehen, dass Kreativität immer Schönheit, Echtheit und Wahrheit zeigt, vielleicht mit einem Werk, mit einem Blick, mit einem Lächeln, mit einem Bild, mit einem Lied.

Meditation

Lege Dich bequem hin, decke Dich warm zu und entspanne Dich. Atme Licht in Deinen Kopf, in Deine Gedanken und visualisiere einen weiten, unendlichen Ozean.

Atme Licht in Deinen Körper, in alle Deine Organe und visualisiere Freude und Leben.

Atme Licht in Deine Arme und Beine und visualisiere Bewegung.

Verbinde Dich mit dem Mineralreich und empfange sein Wissen um die Form. Lerne von seiner Stabilität.

Verbinde Dich mit dem Pflanzenreich und sei reich beschenkt von seiner Schönheit und von seiner Hingabe.

Verbinde Dich mit dem Tierreich, schwimme mit den Fischen, fliege mit den Vögeln, renne mit den Vierbeinern um die Wette und tolle herum, jage mit ihnen und lerne, wie einfach es ist, sich zu sein und die Eigenschaft der eigenen Art zu leben.

Verbinde Dich mit dem Menschenreich und wertschätze die Vielfalt der Ideen, wertschätze die Möglichkeiten der Vernetzung und der gegenseitigen Befruchtung auf allen Ebenen.

Du weisst, dass Dich der Austausch mit den Natur-Reichen reich beschenkt.

Atme tiefer und tiefer, atme regenbogenfarbige Sterne ein und werde selbst zum Regenbogenstern. Verbinde Dich mit dem Engelreich, empfange seinen goldweissen Segen, empfange seine Liebe und seinen Schutz.

Du wirst ruhiger und entspannter und fühlst, wie Dich eine blauweisse Energiekugel einhüllt. Du bist sicher, Du bist aufgehoben, Du bist ganz. Langsam fliegt die Energiekugel mit Dir ins Sternenmeer, taucht ein in den Ozean der Lichter, sanft, leise, voller Liebe. Alles ist Teil von Dir und Du bist Teil von allem. Du bist ein Ton in der ewigen Melodie.

Während Du in die Ewigkeit schwebst, erkennst Du Deine geistige Absicht und weisst um Deine seelischen Talente für das jetzige Leben auf dem Planeten Erde, erkennst Du, wo und wie Du besonders gut mit Energie umgehen kannst, wo und wie Du kreativ bist. Vielleicht kannst Du gut denken, gut fühlen, gut sprechen, gut hören, gut ausführen, gut vernetzen. Vielleicht bist Du ein begnadeter Künstler, Heiler, Lehrer, Baumeister. Alles offenbart sich Dir lichtklar und einfach, alles ist Dein.

Bleibe 10 Minuten.

Beende die Meditation.

Die innere Kraft-Quelle, die innere Energie-Quelle ist lebensspendend und gibt Antworten auf äussere Fragen und Probleme. Antworten sind immer im Innern zu finden *und nicht im Reich der Materie*. Zudem ist alles eine Frage der Qualität und nicht der Quantität. Materielle Werte können leicht in die Quantität versinken und dabei die Qualität verlieren. Die innere Qualität nährt das äussere Leben, und die Ebene des Bewusstseins eines jeden Menschen bestimmt auch seine materielle Ebene – so innen wie aussen. Somit kann äusserer Reichtum nie so verteilt sein, dass es vom menschlichen Standpunkt aus gesehen «gerecht» ist, denn gemäss dem jeweiligen Bewusstsein und dem seelischen Lebensplan eines Menschen verschiebt sich die Geldmenge immer wieder von neuem. Jeder ist seine eigene Geld-Quelle, durch seine Haltung, durch sein Bewusstsein, durch sein Denken, Fühlen und Handeln. Jeder ist aufgerufen, Meister und König über sein eigenes Reich zu sein und auf die innere Führung, auf die Intuition zu hören, die immer zum Besten hinführt, das dem Inkarnations-Weg dient. Das Richtige zur richtigen Zeit mit Freude, und zwar auch dann, wenn die Egopersönlichkeit es nicht versteht oder es ihr nicht passt. Auf diese Weise ist es nicht möglich, zwei Herren zu dienen und die materielle und die geistige Ebene zu trennen. Auf diese Weise ist es auch nicht möglich, sich zu sorgen, weil ja von innen heraus für das Leben gesorgt ist. (Solange Du Dich sorgst, dass das Geld ausgeht, solange wird es Dir auch ausgehen.) Und plötzlich haben Leute, die viel Geld, viel äusseres Spezial-Wissen und viel äussere Autorität besitzen, keine Macht mehr über andere, haben das Sagen nicht mehr, ganz einfach, weil die innere Kraft eines jeden Menschen stärker ist als die äussere. Niemand hat Macht über eine andere Person (ausser diese gibt sie freiwillig ab) und niemand kann eine andere Seele besitzen.

Bist Du König über Deine Reiche, über Dein Gedanken-, Gefühls- und Taten-Reich, dann gibst Du Dir den Wert auf allen Ebenen, dann vertraust Du Dir und fühlst Dich sicher. Du weisst, dass Du bereits ein Erfolg *bist*, einfach indem Du Dich bist, und kannst alle andern Menschen in *ihrem* Erfolg, sich selber zu sein, wertschätzen. Du weisst, dass das Leben selbst nährend ist. Unterdrückst Du aber Gefühle, bist Du noch nicht klar in Deiner eigenen Lebens-Geschichte, dann wird alles, was Du unterdrückst, zum inneren Saboteur, der Deinen wahren Wert untergräbt. Dieser innere Saboteur hat viele Namen, er kann Angst heissen, er kann Kleinmut heissen, er kann Negativität heissen, er kann Widerstand heissen, er kann Herrschsucht heissen, und seine Aufgabe ist es, Dich in Deiner Fülle und in Deinem Selbstwert zu bekämpfen. Er schickt Dir Gedanken wie «ich kann nichts», «es geht ja doch nicht», «ich bin arm», «ich bin schlecht» und freut sich diebisch (denn er stiehlt Dir ja den Wert), wenn Du darauf hereinfällst. So hast Du im menschlichen Alltag den Eindruck, dass das Leben lebensgefährlich und ungerecht ist und somit nicht nährend. Bist Du nicht genährt (physisch, emotional, seelisch und geistig), dann gibst Du Dir den Wert nicht und *hast im Austausch mit den Menschen auch keinen!* Ein ewiges Hamsterrad, das sich dreht und dreht. Prüfe einmal, ob Du Deinen Selbstwert mit Geld in Verbindung bringst, ob Deine Arbeit in Deinen Augen nur wertvoll ist, wenn das irdische Geld-Gehalt hoch ist. Wir bekommen – symbolisch gesehen – auch ein Gehalt auf unsere feinstofflichen Konten in der Licht- und Liebesbank überwiesen, so dass manche Mutter, dass mancher selbstlose Helfer auf der geistigen Ebene sehr reich ist und auf der irdischen Ebene nicht viele Güter hat. Prüfe auch, wie Du Deine Tage verbringst, wie achtsam Du bist, denn es sind auch Dein Alltag und Deine Umwelt in ihrer Schönheit, die Dich nähren. Mit einer Arbeit, die Du nicht liebst, nährst Du Dich bestimmt nicht. Erziehe Dich zum unabhängigen, eigenständigen Denken, denke weit und gross, denn mit Deinen Gedanken erzeugst Du Energie und kreierst die Alltags-Realität. Habe Träume, Visionen und glaube an sie!

Jeder Mensch ist von Grund auf ein Forscher, ein Abenteurer und will seinen Aktionsradius erweitern, sei dies nun ein materieller, ein emotionaler, ein mentaler oder ein spiritueller. *Als Mensch sind wir auf Wachstum in die Einheit, in das Licht programmiert und als Lichtwesen sind wir bereits dort, weil wir die Einheit gar nie verlassen haben.* Damit wir auf dem Planeten Erde als Lichtwesen und als Mensch in Harmonie existieren können, gilt es bei allem und jedem, was wir tun, den Goldenen Schlüssel zu kennen, ihn ins Schloss zu stecken und umzudrehen. Der Goldene Schlüssel ist die Synthese von Licht und Materie, ist das Wissen um unsere geistigen, seelischen und menschlichen Fähigkeiten und bringt uns in das absolute, harmonische Gleichgewicht von allen universellen und irdischen Gesetzen, in die wir eingebunden sind. Phantasie, Vorstellungskraft und aktive Tat bauen eine klare, funktionierende Lebensstruktur im Alltag auf. Somit ist der Kontakt zur inneren Quelle für den menschlichen Weg, den menschlichen Prozess die einzige Sicherheit und lässt uns eine universelle Haltung auf Erden leben.

Für jedes Unternehmen – und sei es noch so klein – in Raum und Zeit ist immer der erste Schritt der wichtigste. Der erste Schritt kostet nie Geld, sondern ist gratis, weil der erste Schritt auf der Ideenebene stattfindet. Auch der zweite Schritt kostet kein Geld, denn der zweite Schritt ist der innere Entscheid, die Idee umzusetzen. Ab dem dritten Schritt kann es Geld kosten, weil die Ausführung in der Materie stattfindet. Wenn Deine Motivation rein ist, wenn sie nicht aus der Angst, aus der Überlebensnot oder der Begierde stammt, dann sind auch Deine Schritte rein! So ziehst Du ganz natürlich die benötigte Materie zu Dir, bekommst Du genau das, was Du brauchst (nicht unbedingt das, von dem Du denkst, dass Du es brauchst) und Dein Lohn ist rein. Alles, was für Geld zu kaufen ist, muss dem Leben nützen und in Liebe benutzt werden.

Liebe öffnet Tore in der spirituellen Welt.
Geld öffnet Türen in der materiellen Welt.

Der spirituelle Wert des Geldes ist sichtbar gewordene Liebe, die die Leben der Menschen in der Materie nährt.

Durch den kosmischen Lichteinfluss ist die Licht-Materie auf Erden geboren und die Schwingung in der Stofflichkeit ist leichter geworden. Unser Verständnis für die Polarität, für die Bewegung zwischen den beiden Polen von hell und dunkel, von positiv und negativ, von reich und arm verändert sich laufend, und wir stellen staunend fest, dass wir reichere, vollere und glücklichere Erfahrungen mit der Materie machen als noch vor zehn Jahren. Wir nehmen die Dinge nicht mehr so schwer. Wir erfahren, dass die Dunkelheit eine Energie ohne Liebe und ohne Aktivität ist und wir erfahren, dass das Licht und die Liebe eine hohe, ganzheitliche Energiefrequenz haben. Wie immer braucht es auf Erden Geduld und Zeit, um besser zu verstehen, weil alles und jedes seine Zeit hat. Auch die Form des Geldes hat seine Zeit und wird eines Tages aus den Leben der Menschen verschwinden. Jede Veränderung, jede Erkenntnis, die in die Polarität umgesetzt wird, ist am Anfang wie eine junge Pflanze, die noch Schutz und Pflege braucht, bis sie stärker geworden ist. Immer mehr Menschen erwachen ins Licht, erkennen, dass Sicherheit von innen kommt und vertrauen der Schöpfung. Sie gehen freudvoll mit der Polarität um und springen spielerisch von einem Pol zum andern, ohne sich zu verlieren oder festzuhalten, ohne sich zu fürchten, zu langweilen oder zu ärgern.

Die Menschheit erfährt nun in der Polarität das Gleichgewicht von positiv und negativ.

Die kritische Masse des gelebten Lichts, des gelebten Bewusstseins ist somit erreicht und es gibt keine Gewinner und keine Verlierer mehr, sondern ein aktives, freies, lebendiges, harmonisches Geben und Nehmen im Menschsein.

Bist Du im Gleichgewicht von innen und aussen, von oben und unten, dann ist auch Deine finanzielle Lage im Gleichgewicht.

Um das zu erreichen, findest Du hier neun wertvolle Anregungen, deren Ausführung kein Geld kostet und absolut gratis ist, deren Ausführung überall und allzeit möglich ist.

1. Innere Ausrichtung
   Verbinde Dich jeden Tag bewusst mit Deiner Seele und geh in die Stille. Dazu kannst Du eine goldene Energiekugel über Deinem Kopf visualisieren, strahlend und funkelnd, die Du langsam in Dein Herz hineinatmest. Mach Dein Herz weit und golden, versinke tief darin.

2. Wissen und Selbsterkenntnis
   Ein ganzheitliches Verständnis Deines Energieflusses, Deiner Kräfte und Deines Platzes im Universum bereichert Dein tägliches Leben. Deshalb kümmere Dich um Dein Zellgedächtnis, um Deine emotionalen und mentalen Muster, kümmere Dich um Deine Glaubenssätze, vor allem um diejenigen über Geld, Macht, Mangel, Fülle und Sicherheit, merze die lebensfeindlichen aus und ersetze sie durch lebensaufbauende. Werde zum Erkenntnis-Detektiv im Alltag und ändere auf der Stelle, wenn Du Dich dabei ertappst, ein altes Muster zu wiederholen.

3. Lichtarbeit
   Lass täglich Licht und Farbe durch Deine Energiesysteme fliessen, durch Dein Blut-, Drüsen-, Lymph-, Nerven- und Chakrasystem. Bringe alles in einen spirituellen Fluss. Lichtarbeit ist schnell und effizient und Du kannst sie jederzeit und überall machen, bei jeder Bushaltestelle,

im Zug, wenn Du spazieren gehst, wenn Du in den Himmel schaust – eine Minute oder noch besser zehn Minuten lang, jeden Tag. Tu dies konsequent während mindestens eines Jahres.

4. Wunschkraft
Aus welcher Quelle stammen Deine Wünsche? Sind sie im Einklang mit der göttlichen Idee, dienen sie dem Wohle aller oder dienen sie der begrenzten Befriedigung Deiner persönlichen Vorstellungen?

5. Planung
Gönne Dir ein gut funktionierendes Energie-Budget auf allen Ebenen (Geld, Zeit, Emotionen, Gedanken, Spiritualität). Lass Dich von Deinem Höheren Selbst und, wenn nötig, von anderen Menschen oder inneren Helfern beraten.

6. Toleranz – leben und leben lassen
Respektiere die andern, lasse Kritik und Urteil. Entwickle Deine Unterscheidungskraft und Deinen Mut, lebensfeindliche Zustände nicht zu tolerieren und lebensfreundliche zu unterstützen.

7. Standhaftigkeit
Höre auf die innere Führung, lass Dich nicht von Deinem Weg ziehen. Lebe mit der Wahrheit. Widerstand und äussere Schwierigkeiten zeigen an, wo und wann Du das noch nicht tust.

8. Wertschätze die Schöpfung
   Mach jeden Tag zum Festtag. Lebe in Freude und Dankbarkeit für alles, was Du bist und was Du hast.

9. Zahlen
   Zähle das Geld, das Du zum Leben brauchst.
   Zähle das Geld, das Du hast.
   Zähle das Geld, das Du nicht hast, aber glaubst, haben zu müssen.
   Zähle das Geld, das Du hast und nicht verwendest.
   Sind die Differenzen gross, dann hast Du ein Problem zwischen dem inneren und dem äusseren Wert, dann bist Du nicht im Gleichgewicht. Geh zurück zu Anregung Nummer eins und fang noch einmal von vorne an. Das Universum ist geduldig und wartet auf Dich und Deinen Sprung in die Zehn, in die kreative Geburt.

Meditation

Setze Dich gerade hin, entspanne Dich und atme goldene Sterne durch Dein Kronenchakra in Deine Zellen. Zelle um Zelle füllt sich, jede Zelle wird zum goldenen Stern, Deine Milliarden und Milliarden von Zellen fangen an zu leuchten. Der Fluss der Goldsterne ist unendlich, ewig und hört nie auf, weil die Quelle ewig fliesst.

Du wirst zum Goldstern und leuchtest. Zusammen mit allen andern Sternen.

Leuchte in die Dunkelheit, tu dies, solange Du möchtest.

Beende die Meditation.

Elisabeth Bond
Spirituelle Lehrerin und Heilerin, Malerin und Autorin.
Ihre transformative Lichtarbeit gilt der inneren Entwicklung der Menschen und dem Aufwachen der Menschheit ins universelle Bewusstsein.
Internationale Seminar- und Vortragstätigkeit.

Elisabeth Bond in der Reihe «Dimensionen»:

Vision – Tor zum Licht

48 Seiten, ISBN 3-906786-60-9

Symbole – Lichtvolle Zeichen

48 Seiten, ISBN 3-906786-61-7

Die Kunst der Kommunikation – In Harmonie und Licht

56 Seiten, ISBN 3-906786-62-5

LichtAll im Tag – AllTag im Licht

56 Seiten, ISBN 3-906786-63-3

Geld – Irdische Form für himmlischen Fluss

56 Seiten, ISBN 3-906786-64-1

Partnerschaft – Gemeinsam ins Licht

56 Seiten, ISBN 3-906786-65-X

Polarität – Der dichte und der lichte Pol

64 Seiten, ISBN 3-906786-66-8

Energie – Urkraft aus dem Quell des Lichts

56 Seiten, ISBN 3-906786-67-6

Träume – LichtRäume

56 Seiten, ISBN 3-906786-69-2

Die Meisterzelle – Weisheit im Körperlicht

64 Seiten, ISBN 3-906786-68-4

Persönliche Meisterschaft – Gelebte Spiritualität

64 Seiten, ISBN 3-906786-71-4

Der Schlafende Riese erwacht – Licht im Gehirn

64 Seiten, ISBN 3-906786-72-2

Leuchtfelder – Die 7 Körper

64 Seiten, ISBN 3-906786-73-0

Das Blaue Heillicht der Seele

60 Seiten, ISBN 3-906786-74-9

Seelenkinder – Vom Inneren Kind zum Christuskind

64 Seiten, ISBN 3-906786-75-7

Meditations-CD's von Elisabeth Bond:

Träume – LichtRäume
Meditationen zum Buch
45 Minuten, ISBN 3-906786-70-6

Lichtmeditationen
Für eine spirituelle Lebensführung im Alltag
50 Minuten, ISBN 3-906786-17-X

Von Engeln berührt
Meditation
52 Minuten, ISBN 3-906786-19-6

Der Ruf
Auf Klängen reisen
43 Minuten, ISBN 3-906786-21-8

Lichtfamilie
Geführte Meditationen
55 Minuten, ISBN 3-906786-20-X

Die 7 Körper
Geführte Meditationen (2 CD's)
108 Minuten, ISBN 3-906786-25-0

Klangbogen
Heilende Klänge
55 Minuten, ISBN 3-906786-26-9

Übergänge
Geführte Meditationen
52 Minuten, ISBN 3-906786-31-5

Weitere Titel siehe www.lokwort.ch